Impressum
Verlag: BABADADA GmbH, Nedderfeld 112 , 22529 Hamburg
Geschäftsführer / Verlagsleitung: Harald Hof
Druck: Books on Demand GmbH, In de Tarpen 42, 22848 Norderstedt

Imprint
Publisher: BABADADA GmbH, Nedderfeld 112 , 22529 Hamburg, Germany
Managing Director / Publishing direction: Harald Hof
Print: Books on Demand GmbH, In de Tarpen 42, 22848 Norderstedt

sekolahan
école

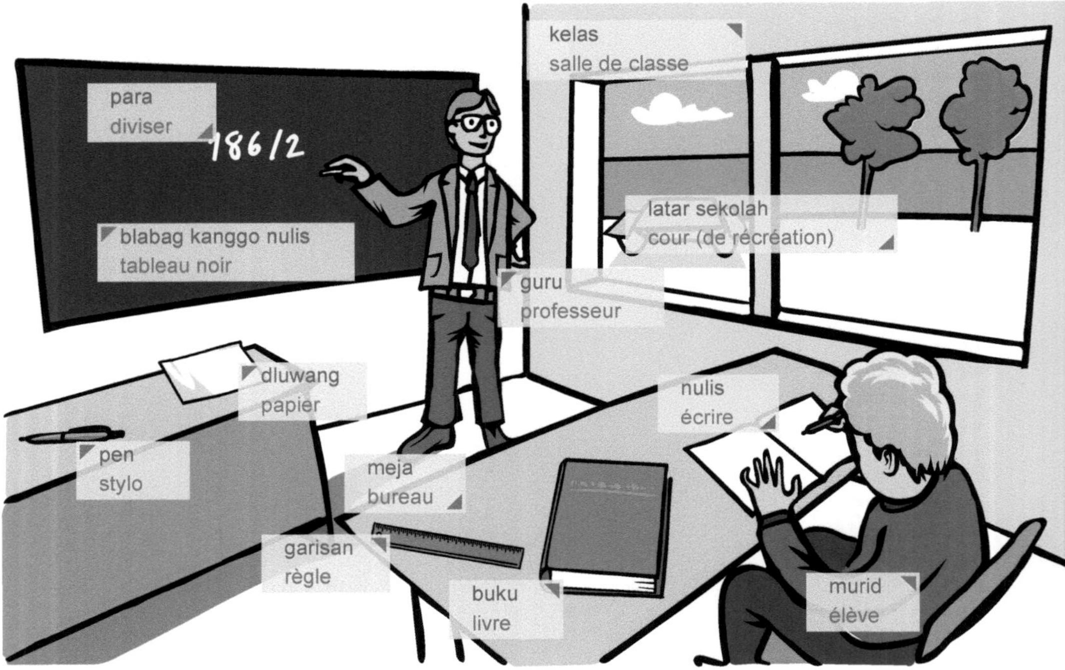
kelas
salle de classe
para
diviser
186/2
blabag kanggo nulis
tableau noir
latar sekolah
cour (de récréation)
guru
professeur
dluwang
papier
nulis
écrire
pen
stylo
meja
bureau
garisan
règle
buku
livre
murid
élève

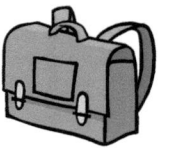

tas sekolah

cartable

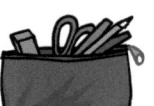

tepak potlot

trousse

potlot

crayon

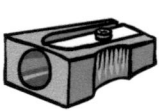

orotan potlot

taille-crayon

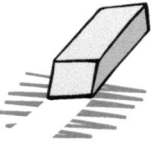

setip

gomme

lemek nggambar

carnet à dessin

gambar

dessin

kuwas

pinceau

tepak cat nggambar

boîte de peinture

gunting

ciseaux

lem

colle

buku latihan soal

cahier d'exercices

pakaryan omah

devoirs

12

angka

chiffre

2+2

tambah

additionner

5-2

suda

soustraire

2×2

ping

multiplier

itung

calculer

A

aksara

lettre

ABCDEFG
HIJKLMN
OPQRSTU
VWXYZ

abjad

alphabet

tembung

mot

teks

texte

maca

lire

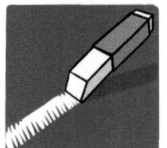

kapur

craie

wulangan

leçon

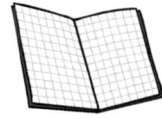

dhaptar

livre de classe

ujian

examen

sertipikat

certificat

sragam sekolah

uniforme scolaire

pendhidhikan

formation

ensiklopedia

lexique

universitas

université

mikroskop

microscope

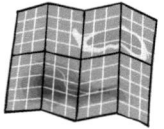

peta

carte

kranjang larahan

corbeille à papier

perjalanan
voyage

Grand
hotel
hôtel
hostel
auberge
ROOMS
or pertukaran duit mancanegara
au de change
CHANGE
koper
valise
mobil
voiture

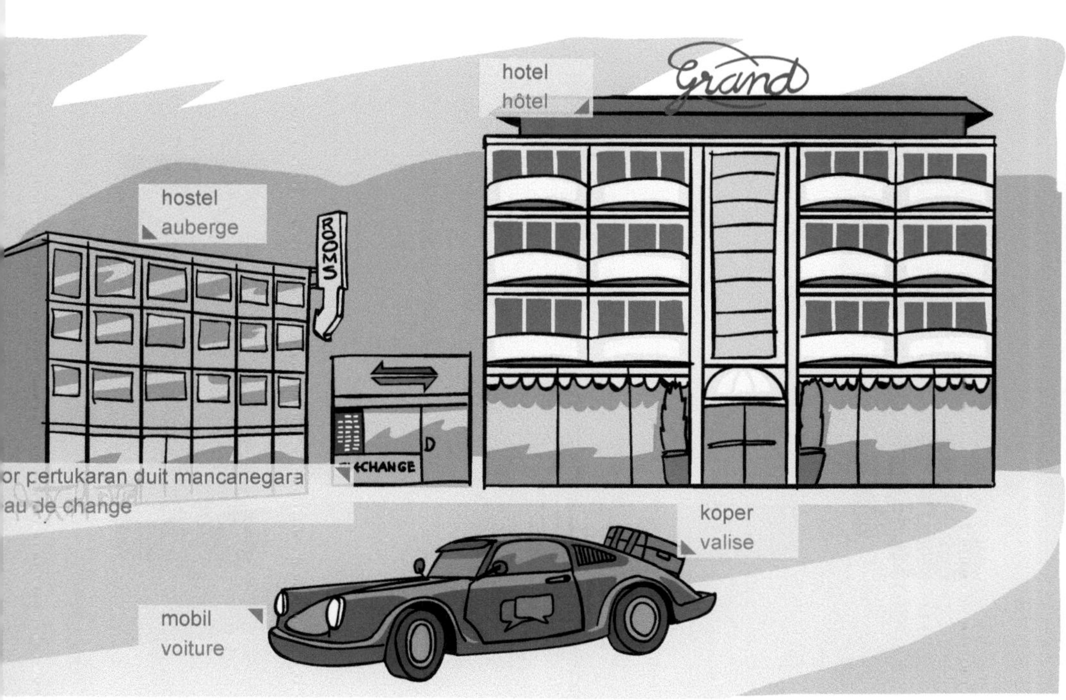

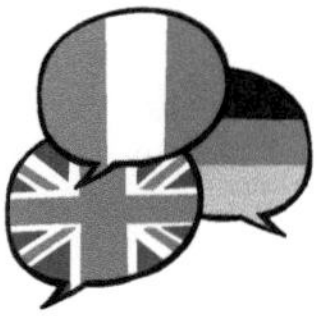

basa
langue

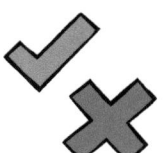

iya / ora
oui / non

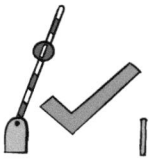

oke
d'accord

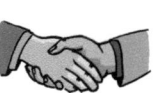

halo
Salut

juru basa
interprète

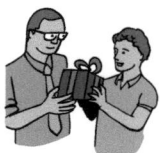

matur nuwun
merci

Piro regane ...?

Combien coûte...?

aku ora ngerti

Je ne comprends pas

masalah

problème

Sugeng dalu!

Bonsoir !

Sugeng enjang

Bonjour !

Sugeng dalu!

Bonne nuit !

pareng

Au revoir

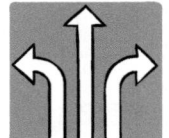

arah

direction

koper

bagages

tas

sac

ransel

sac-à-dos

tamu

hôte

kamar

pièce

kantong turu

sac de couchage

tenda

tente

informasi turis

office de tourisme

pantai

plage

kertu kredit

carte de crédit

sarapan

petit-déjeuner

mangan awan

déjeuner

mangan ing wayah bengi

dîner

tiket

billet

lift

ascenseur

perangko

timbre

watesan

frontière

cukai

douane

kedutaan

ambassade

visa

visa

paspor

passeport

angkutan
transport

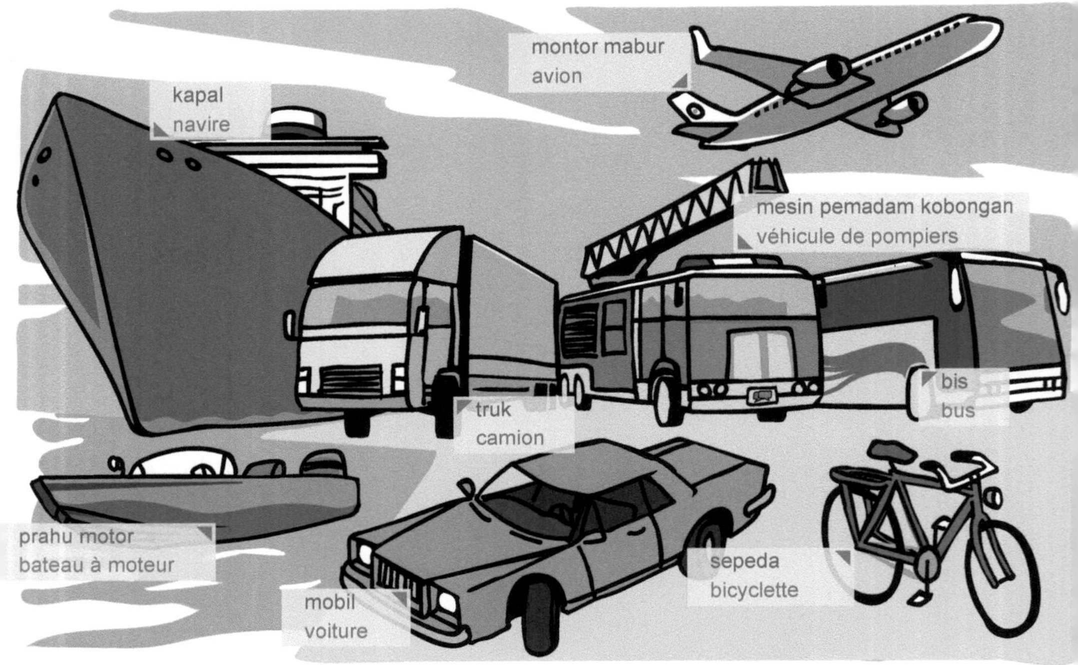
montor mabur
avion
kapal
navire
mesin pemadam kobongan
véhicule de pompiers
bis
bus
truk
camion
prahu motor
bateau à moteur
sepeda
bicyclette
mobil
voiture

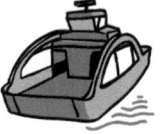

feri
ferry

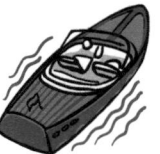

perahu
barque

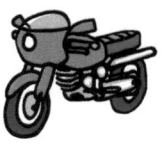

sepeda motor
moto

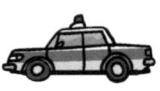

mobil polisi
voiture de police

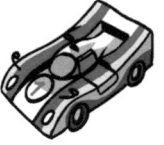

mobil balapan
voiture de course

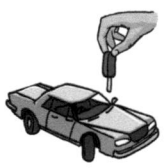

mobil sewa
voiture de location

sewa mobil

auto-partage

truk derek

voiture de remorquage

truk resek

benne à ordures

motor

moteur

bensin

essence

pom bensin

station d'essence

tanda dalan

panneau indicateur

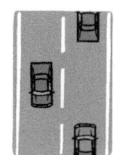

lalu lintas

trafic

macet

embouteillage

parkir mobil

parking

stasiun sepur

gare

ril sepur

rails

sepur

train

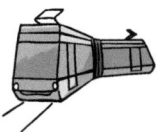

tram

tramway

grobak

wagon

helikopter

hélicoptère

lapangan montor mabur

aéroport

menara

tour

penumpang

passager

kontener

conteneur

kerdhus

carton

troli

chariot

kranjang

corbeille

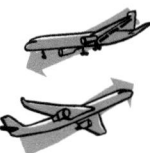

mabur / ndarat

décoller / atterrir

kutha

ville

desa

village

tengah kutha

centre-ville

omah

maison

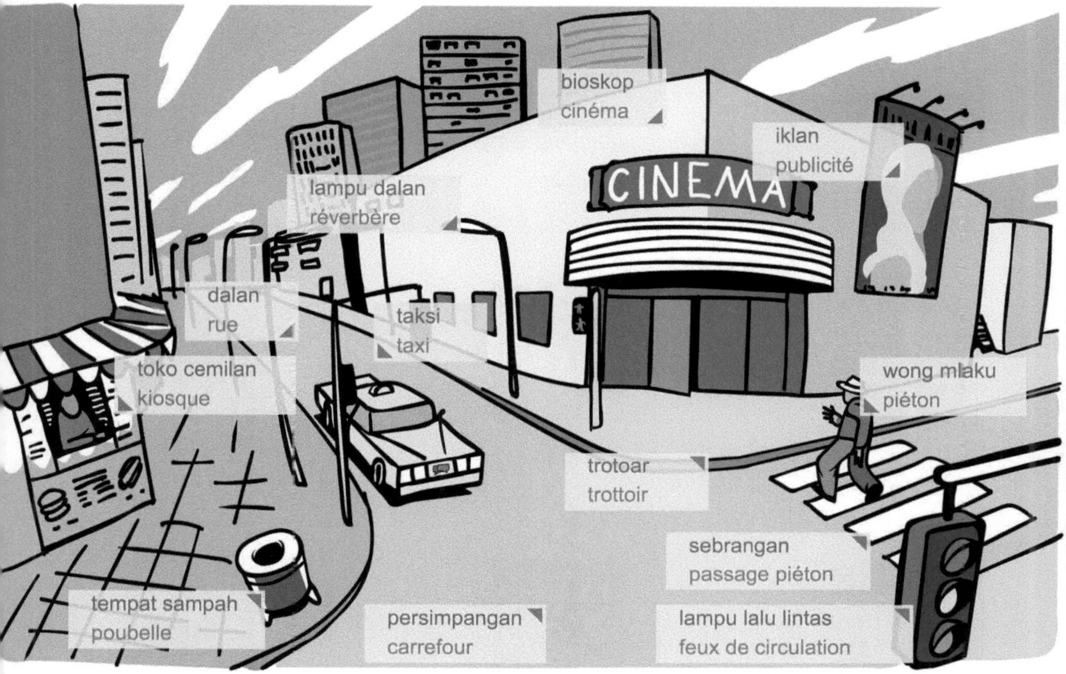

bioskop
cinéma

iklan
publicité

lampu dalan
réverbère

CINEMA

dalan
rue

taksi
taxi

toko cemilan
kiosque

wong mlaku
piéton

trotoar
trottoir

sebrangan
passage piéton

tempat sampah
poubelle

persimpangan
carrefour

lampu lalu lintas
feux de circulation

gubuk

cabane

apartemen

appartement

stasiun sepur

gare

bale kutha

mairie

museum

musée

sekolahan

école

universitas

université

bank

banque

griya sakit

hôpital

hotel

hôtel

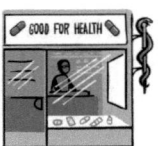

apotek

pharmacie

kantor

bureau

toko buku

librairie

toko

magasin

toko kembang

fleuriste

supermarket

supermarché

pasar

marché

toko sarwa ana

grand magasin

toko iwak

poissonnerie

mal

centre commercial

pelabuhan

port

taman

parc

bangku

banque

tretek

pont

andha

escaliers

metro

métro

trowongan

tunnel

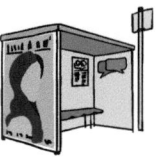

halte bis

arrêt de bus

bar

bar

restoran

restaurant

kotak surat

boîte à lettres

pratandha dalan

panneau indicateur

meteran parkir

parcmètre

kebon kewan

zoo

kolam renang

piscine

masjid

mosquée

kebon

ferme

polusi

pollution

kuburan

cimetière

greja

église

panggon dolanan

aire de jeux

candi

temple

lanskap

paysage

godong
feuille

plang
panneau indicateur

dalan
chemin

beran
pré

watu
pierre

uwit
arbre

wong munggah
randonneur

kali
rivière

suket
herbe

kembang
fleur

lembah

vallée

bukit

montagne

tlogo

lac

alas

forêt

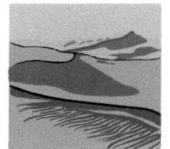

ara-ara

désert

gunung geni

volcan

keraton

château

kluwung

arc-en-ciel

jamur

champignon

uwit palem

palmier

lemut

moustique

laler

mouche

semut

fourmis

tawon

abeille

angga-angga

araignée

lanskap - paysage

kumbang

coléoptère

kodok

grenouille

bajing

écureuil

landhak

hérisson

truwelu

lièvre

manuk dares

chouette

manut

oiseau

banyak

cygne

celeng

sanglier

kidang

cerf

menjangan

élan

bendungan

barrage

turbin angin

éolienne

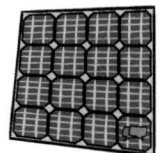

panel srengenge

panneau solaire

iklim

climat

laden
serveur

menu
menu

kursi
chaise

sop
soupe

pizza
pizza

taplak meja
nappe

alat mangan
couverts

hidangan pambuka

hors d'œuvre

menu utama

plat principal

hidangan penutup

dessert

ombenan

boissons

panganan

alimentation

gendul

bouteille

panganan instan
fast-food

jajan cemilan
plats à emporter

ceret teh
théière

kaleng gula
sucrier

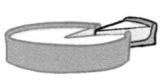

porsi
portion

mesin espresso
machine à expresso

kursi duwur
chaise haute

tagihan
facture

baki
plateau

lading
couteau

sendok garpu
fourchette

sendok
cuillère

sendok teh
cuillère à thé

serbet
serviette

gelas
verre

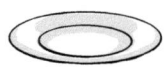

piring

assiette

piring sop

assiette à soupe

lepek

soucoupe

duduh

sauce

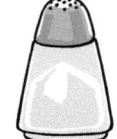

gendul uyah

salière

bubuk mrico

moulin à poivre

cuka

vinaigre

lenga

huile

bumbon

épices

saos tomat

ketchup

mustar

moutarde

mayones

mayonnaise

![Supermarket scene illustration]

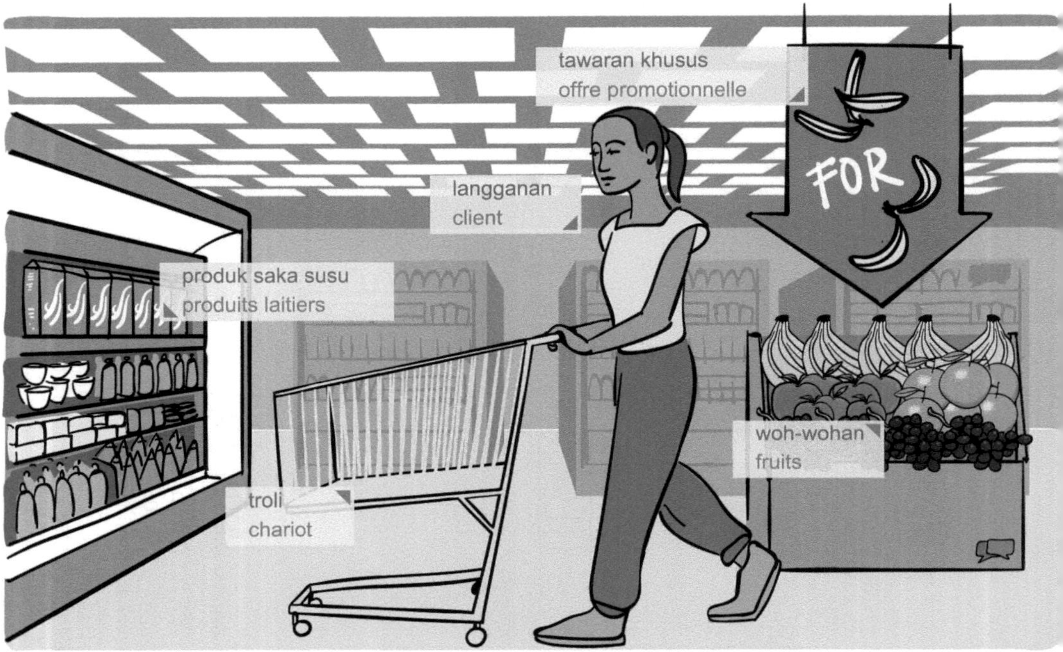

tawaran khusus
offre promotionnelle

langganan
client

produk saka susu
produits laitiers

woh-wohan
fruits

troli
chariot

FOR

toko daging	toko roti	nimbang
boucherie	boulangerie	peser
	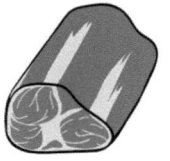	
janganan	daging panggang	panganan beku
légumes	viande	aliments surgelés

irisan daging
charcuterie

panganan kaleng
conserves

deterjen
poudre à lessive

permen
bonbons

produk reresik omah
articles ménagers

produk reresik
détergents

bakul
vendeuse

mesin kasir
caisse

kasir
caissier

daftar blanja
liste d'achats

jam buka
heures d'ouverture

dompet
portefeuille

kertu kredit
carte de crédit

tas
sac

tas kresek
sac en plastique

banyu

eau

jus

jus de fruit

susu

lait

ombenan kanthi karbon

coca

anggur

vin

bir

bière

alkohol

alcool

coklat

chocolat chaud

teh

thé

kopi

café

espresso

expresso

cappuccino

cappuccino

gedhang

banane

apel

pomme

jeruk

orange

semangka

melon

jeruk lemon

citron

wortel

carotte

bawang

ail

pring

bambou

bawang

oignon

jamur

champignon

kacang

noisettes

bakmi

pâtes

spageti

spaghetti

sego

riz

salad

salade

kentang goreng

pommes frites

kentang goreng

pommes de terre rôties

pizza

pizza

hamburger

hamburger

roti isi

sandwich

daging irisan

escalope

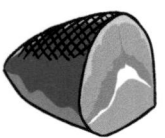

daging ham

jambon

salami

salami

sosis

saucisse

pitik

poulet

daging panggang

rôti

iwak

poisson

bubur gandum

flocons d'avoine

muesli

muesli

sereal jagung

cornflakes

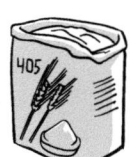

glepung

farine

croissant

croissant

roti

petits-pains

roti

pain

roti panggang

pain grillé

biskuit

biscuits

mertega

beurre

dadih

le fromage blanc

kue

gâteau

endog

œuf

endog goreng

œuf au plat

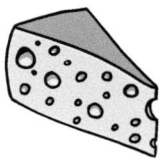

keju

fromage

es krim

glace

gula

sucre

madu

miel

sele

confiture

krim nugat

crème nougat

kare

curry

kebon
ferme

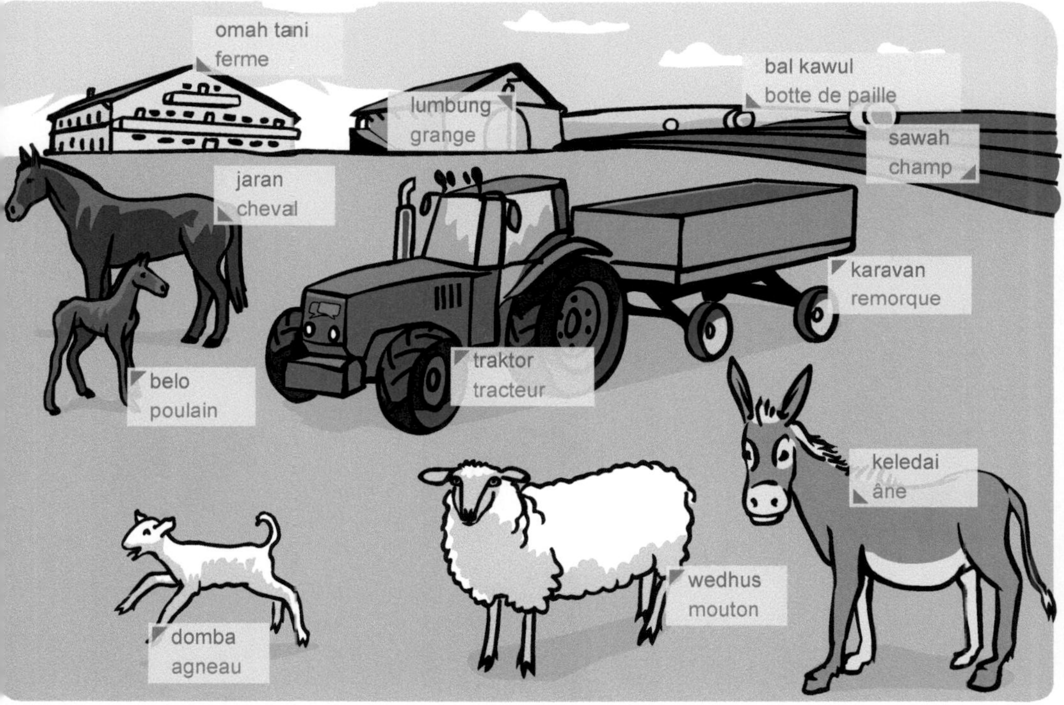
omah tani
ferme
lumbung
grange
bal kawul
botte de paille
sawah
champ
jaran
cheval
karavan
remorque
belo
poulain
traktor
tracteur
keledai
âne
wedhus
mouton
domba
agneau

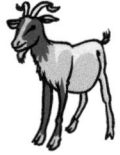

wedhus

chèvre

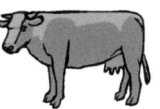

sapi

vache

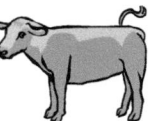

pedhet

veau

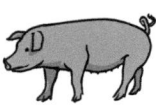

babi

porc

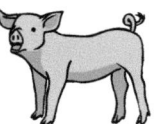

gambluk

porcelet

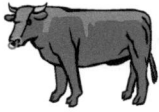

kebo

taureau

banyak

oie

bebek

canard

kuthuk

poussin

babon

poule

jago

coq

tikus

rat

kucing

chat

tikus

souris

sapi

bœuf

asu

chien

kandang asu

chenil

selang

tuyau de jardin

gembor

arrosoir

arit gede

faucheuse

waluku

charrue

arit gede

faucille

pacul

pioche

garu

fourche

kapak

hache

grobak surung

brouette

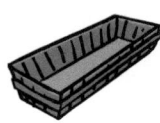

wadah pakan

cuve

kaleng susu

pot à lait

karung

sac

pager

clôture

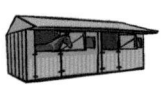

kandang

étable

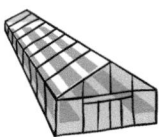

omah kaca

serre

lemah

sol

wiji

semences

rabuk

engrais

traktor panen

moissonneuse-batteuse

manen
récolter

panen
récolte

ubi
igname

gandum
blé

kedelai
soja

kentang
pomme de terre

jagung
maïs

lobak
colza

wit woh-wohan
arbre fruitier

telo
manioc

sereal
céréales

omah
maison

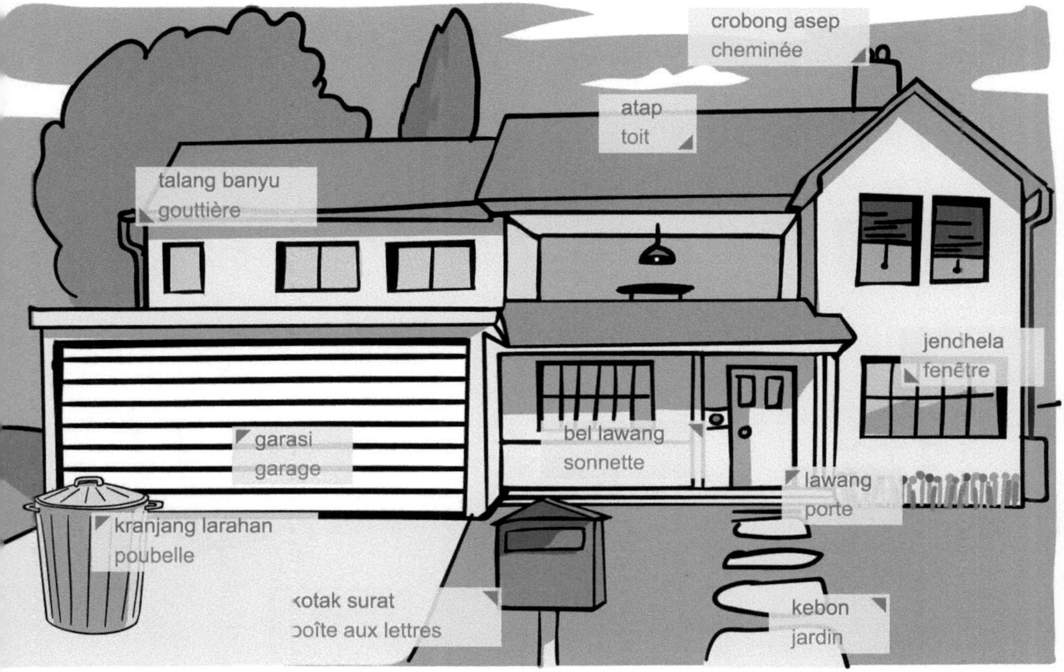

crobong asep
cheminée
atap
toit
talang banyu
gouttière
jenchela
fenêtre
garasi
garage
bel lawang
sonnette
lawang
porte
kranjang larahan
poubelle
kotak surat
boîte aux lettres
kebon
jardin

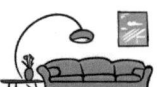

ruang tamu

salon

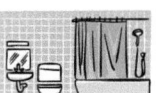

jedhing

salle de bain

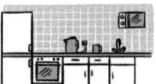

pawon

cuisine

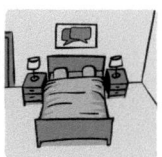

kamar turu

chambre à coucher

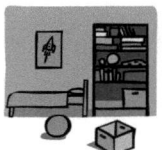

kamar anak

chambre d'enfant

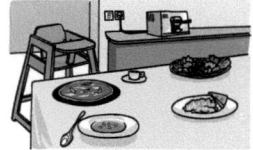

kamar panedhaan

salle à manger

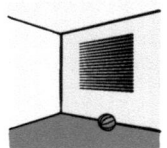

jobin

sol

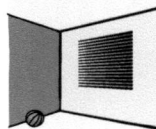

tembok

mur

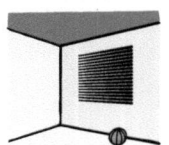

pyan

plafond

gudhang ing njero lemah

cave

sauna

sauna

balkon

balcon

teras

terrasse

blumbang kanggo nglangi

piscine

mesin kanggo motong suket

tondeuse à gazon

lembaran

housse

sprei

couette

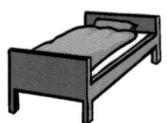

dipan

lit

sapu

balai

ember

sceau

tombol

interrupteur

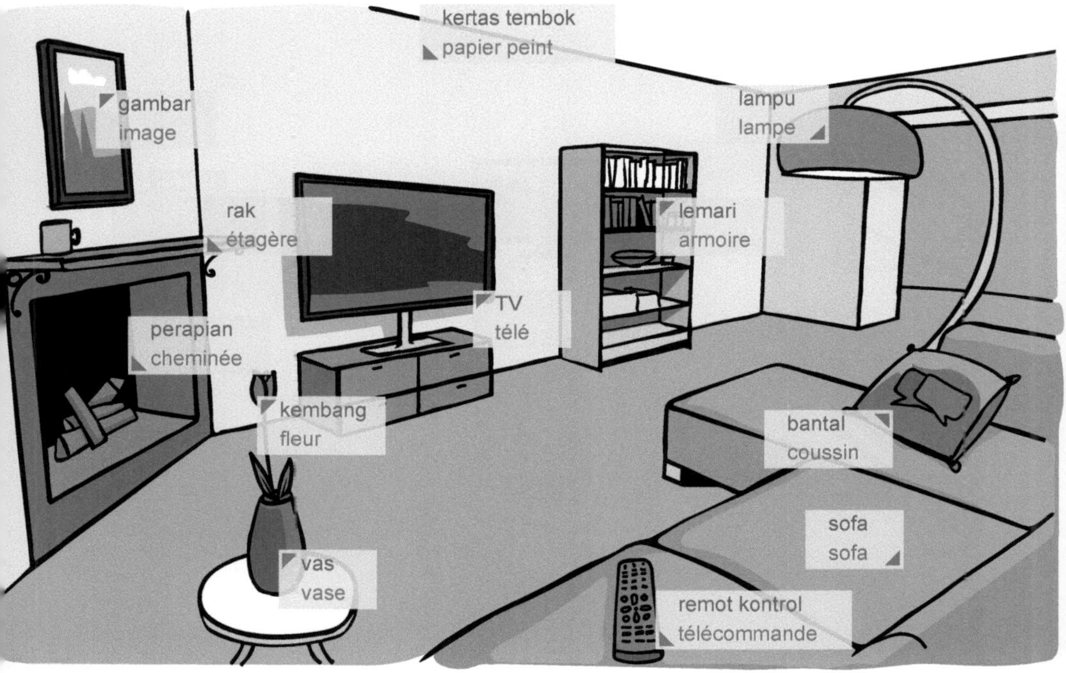

kertas tembok
papier peint

gambar
image

lampu
lampe

rak
étagère

lemari
armoire

perapian
cheminée

TV
télé

kembang
fleur

bantal
coussin

sofa
sofa

vas
vase

remot kontrol
télécommande

karpet
tapis

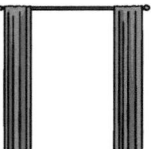

korden
rideau

meja
table

kursi
chaise

kursi goyang
chaise à bascule

kursi tangan
fauteuil

buku

livre

selimut

couverture

dekorasi

décoration

kayu bakar

bois de chauffage

film

film

hi-fi

chaîne hi-fi

kunci

clé

koran

journal

lukisan

peinture

poster

poster

radio

radio

buku catetan

bloc-notes

penyedot lebut

aspirateur

kaktus

cactus

lilin

bougie

pawon
cuisine

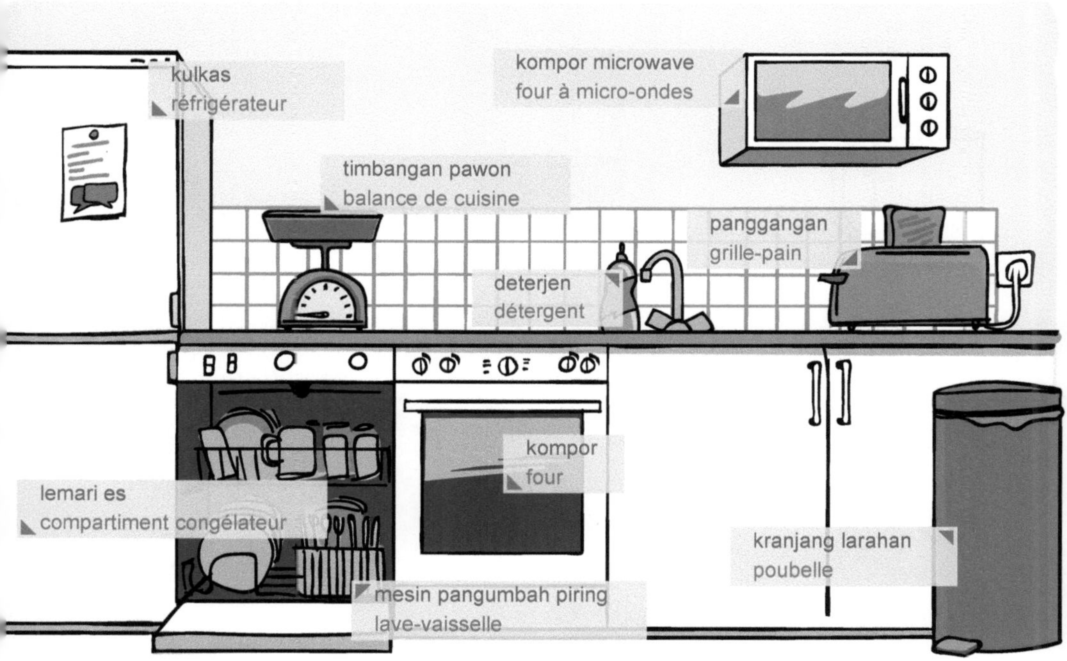

kulkas
réfrigérateur
kompor microwave
four à micro-ondes
timbangan pawon
balance de cuisine
panggangan
grille-pain
deterjen
détergent
kompor
four
lemari es
compartiment congélateur
kranjang larahan
poubelle
mesin pangumbah piring
lave-vaisselle

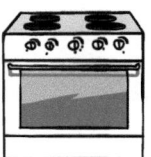

kompor

four

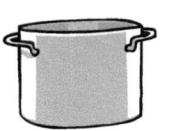

panci

casserole

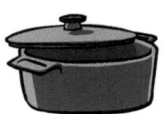

panci wesi

marmite

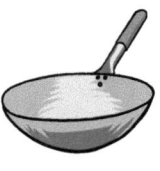

wajan

wok / kadai

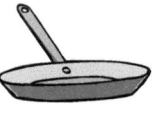

wajan

poêle

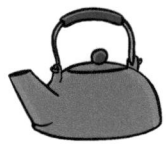

ceret

bouilloire electrique

kukusan

cuiseur vapeur

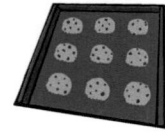

loyang

plaque de cuisson

pecah belah

vaisselle

mug

gobelet

mangkok

coupe

sumpit

baguettes

irus

louche

solet

spatule

udeg

fouet

ayakan

passoire

saringan

tamis

parutan

râpe

lumpang

mortier

panggangan

barbecue

geni

cheminée

telenan

planche à découper

gilingan adonan

rouleau à pâtisserie

kotrek

tire-bouchon

kaleng

boîte

bukaan kaleng

ouvre-boîte

cempal

maniques

wastafel

lavabo

sikat

brosse

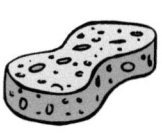

sepon

éponge

blender

mixeur

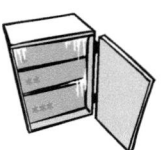

kulkas

congélateur

gendul bayi

biberon

kran

robinet

pawon - cuisine

jedhing

salle de bain

alat manasi
chauffage
andhuk
serviette
pancuran
douche
klambu jedhing
rideau de douche
adhus unthuk
bain moussant
bak adhus
baignoire
gelas
verre
mesin ngumbah
machine à laver
kran
robinet
tekel
carrelage
pispot
pot
wastafel
lavabo

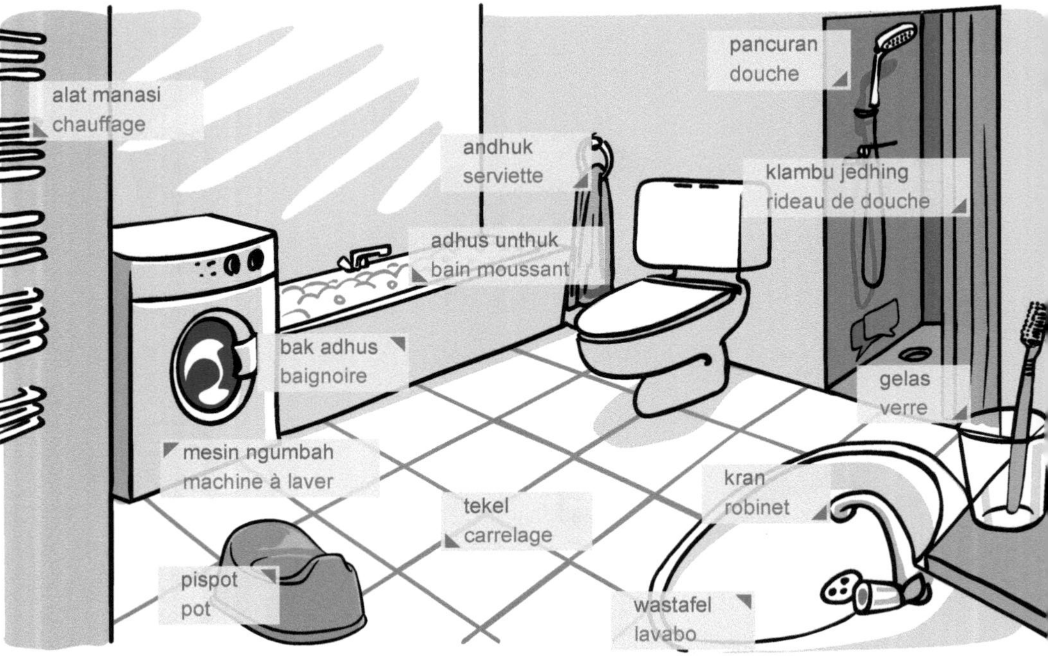

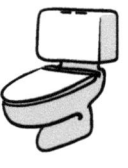

jamban

toilettes

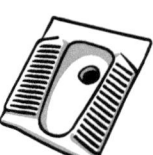

jamban dhodhok

toilette à la turque

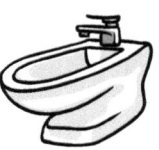

bidet

bidet

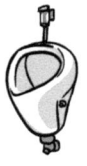

pissoir

urinoir

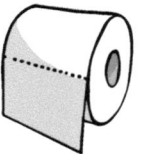

tisu jamban

papier toilette

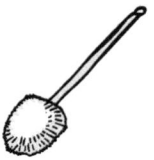

sikat jamban

brosse à toilette

sikat untu

brosse à dents

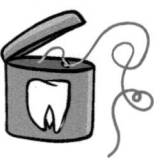

odol

dentifrice

bolah untu

fil dentaire

ngumbahi

laver

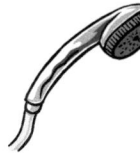

gagang shower

douche manuelle

pancuran

douche intime

baskom

vasque

sikat geger

brosse dorsale

sabun

savon

gel pancuran

gel douche

sampo

shampooing

hem

gant de toilette

nguras

écoulement

krim

crème

deodoran

déodorant

pangilon

miroir

koco tangan

miroir cosmétique

silet

rasoir

umpluk cukur

mousse à raser

aftershave

après-rasage

jungkat

peigne

sikat untu

brosse

hairdryer

sèche-cheveux

hairspray

laque pour cheveux

dandanan

fond de teint

gincu

rouge à lèvres

kuteks

vernis à ongles

kapas

ouate

gunting kuku

coupe-ongles

parfum

parfum

kantong adhus

trousse de toilette

dingklik

tabouret

timbangan

pèse-personne

jubah kanggo sawise adhus

peignoir

sarung karet

gants de nettoyage

tampon

tampon

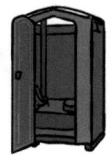

pembalut

serviettes hygiéniques

jamban nganggo bahan kimia

toilette chimique

kamar anak
chambre d'enfant

alarm jam
réveil
dolanan empuk
doudou
mobil-mobilan
voiture jouet
kumretek
hochet
omah boneka
maison de poupée
hadiah
cadeau

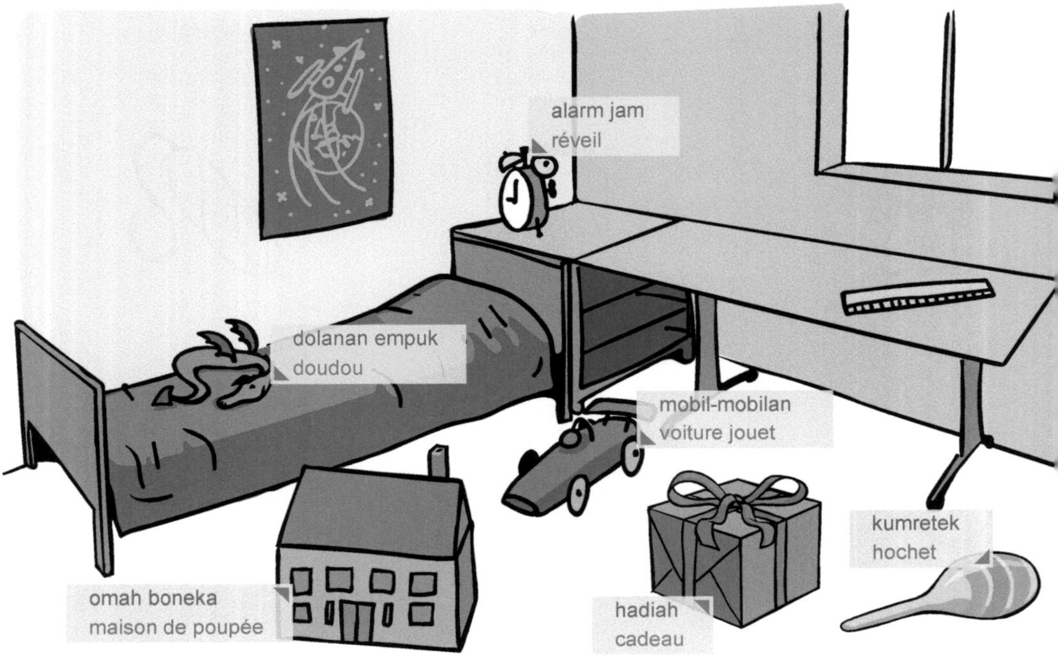

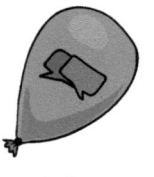

balon

ballon

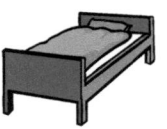

dipan

lit

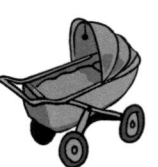

kreto bayi

poussette

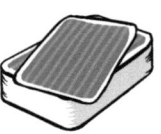

meja kertu

jeu de cartes

teka-teki

puzzle

SUPER MEGA

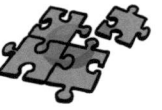

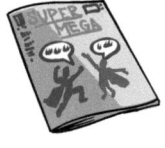

komik

bande dessinée

bata lego

pièces lego

balok dolanan

blocs de construction

boneka aksi

figurine

klambi bayi

grenouillère

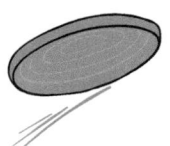

frisbee

frisbee

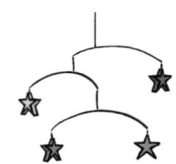

dolanan gantungan

mobile

dolanan meja

jeu de société

dadu

dé

sepur dolanan

train miniature

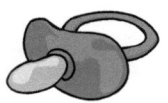

dot

sucette

pesta

fête

buku gambar

livre d'images

bal

balle

boneka

poupée

dolanan

jouer

panggon dolanan pasir

bac à sable

ayunan

balançoire

dolanan

jouets

konsol video game

console de jeu

sepeda roda telu

tricycle

beruang teddy

ours en peluche

lemari sandhangan

armoire

klambi

vêtements

kaos kaki

chaussettes

stoking

bas

kathok singset

collant

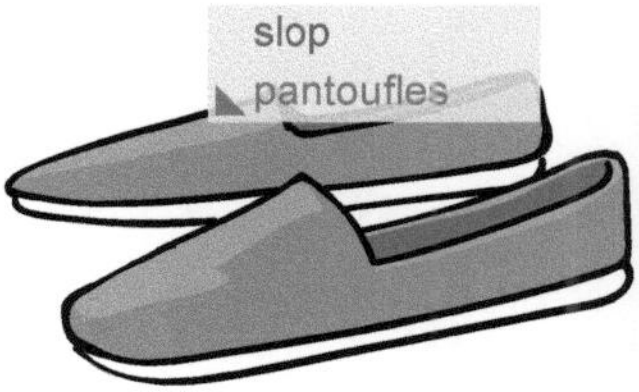

slendang
écharpe

sabuk
ceinture

payung
parapluie

kaos oblong
t-shirt

sepatu bot
bottes

slop
pantoufles

sepatu kets
baskets

sandal

sandales

sepatu

chaussures

sepatu bot karet

bottes de caoutchouc

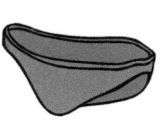

sempak

sous-vêtements

kutang

soutien-gorge

rompi

maillot de corps

klambi - vêtements

awak
body

kathok
pantalon

kathok jins
jean

rok
jupe

blus
chemisier

klambi
chemise

jaket nganggo kudung
pull

sweter
sweat à capuche

blezer
veste

jaket
veste

mantel
manteau

jas udan
imperméable

kostum
costume

gaun
robe

gaun manten
robe de mariée

setelan

costume

klambi kanggo turu

chemise de nuit

piyama

pyjama

kain sari

sari

kudung

foulard

serban

turban

cadar

burqa

kaftan

caftan

abaya

abaya

klambi kanggo nglangi

maillot de bain

kathok renang

maillot de bain

kathok cekak

short

klambi trening

tenue d'entraînement

celemek

tablier

sarung tangan

gants

benik

bouton

kacamata

lunettes

gelang

bracelet

kalung

collier

ali-ali

bague

anting-anting

boucle d'oreille

peci

bonnet

gantungan mantel

cintre

topi

chapeau

dasi

cravate

slerekan

fermeture éclair

helem

casque

bretel

bretelles

sragam sekolah

uniforme scolaire

sragam

uniforme

oto

bavoir

dot

sucette

popok

lange

kantor
bureau

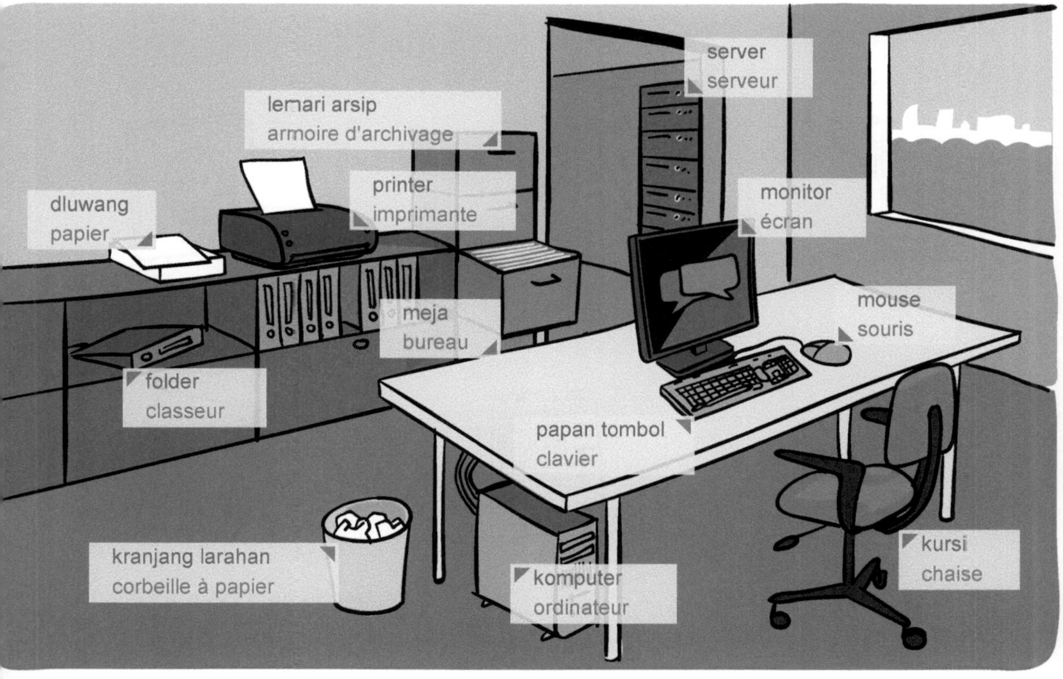

server
serveur

lemari arsip
armoire d'archivage

printer
imprimante

dluwang
papier

monitor
écran

meja
bureau

mouse
souris

folder
classeur

papan tombol
clavier

kranjang larahan
corbeille à papier

kursi
chaise

komputer
ordinateur

cangkir kopi

tasse de café

kalkulator

calculatrice

internet

internet

laptop

ordinateur portable

surat

lettre

pesen

message

HP

portable

jaringan

réseau

mesin fotokopi

photocopieuse

software

logiciel

telpon

téléphone

colokan

prise

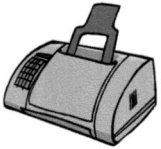

mesin faksimili

fax

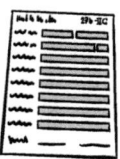

blangko

formulaire

dokumen

document

tuku

acheter

mbayar

payer

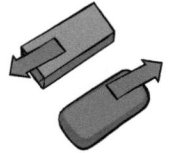

bebakulan

faire du commerce

duit

monnaie

dolar

dollar

euro

euro

yen

yen

rubel

rouble

franc Swiss

franc suisse

yuan renminbi

renminbi yuan

rupe

roupie

cash point

distributeur automatique

kantor pertukaran duit
mancanegara

bureau de change

emas

or

perak

argent

minyak

pétrole

energi

énergie

rego

prix

kontrak

contrat

pajek

taxe

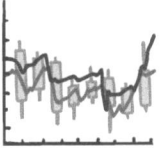

saham

action

kerjo

travailler

pegawe

employé

juragan

employeur

pabrik

usine

toko

magasin

ekonomi - économie

gawean
professions

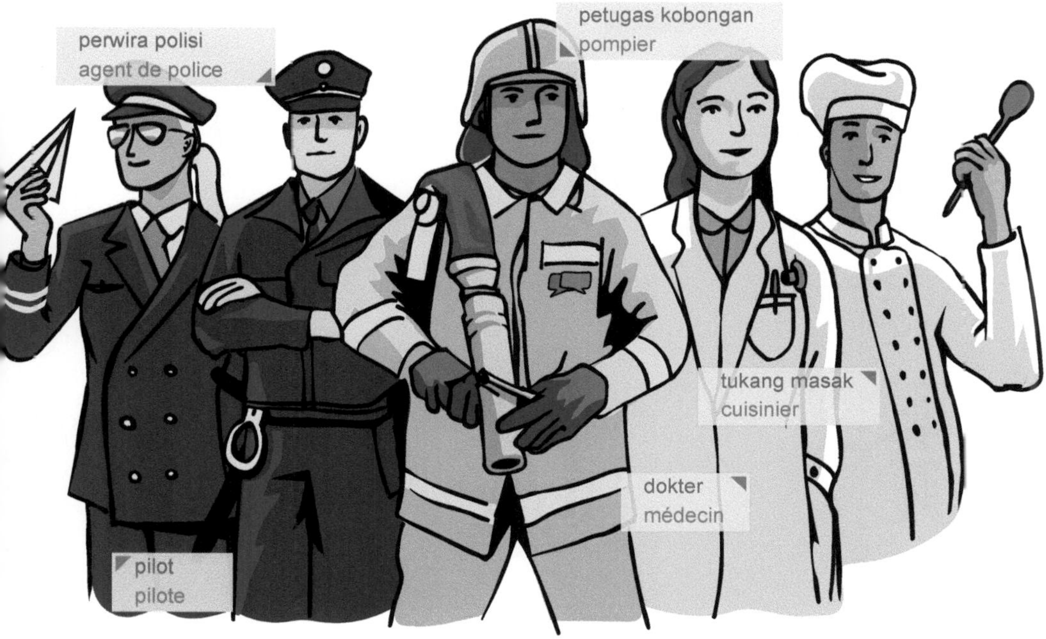

perwira polisi
agent de police
petugas kobongan
pompier
tukang masak
cuisinier
dokter
médecin
pilot
pilote

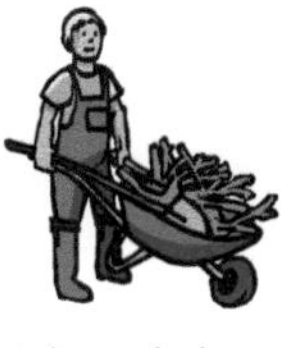

tukang kebon

jardinier

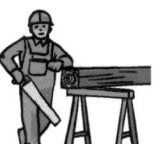

tukang kayu

menuisier

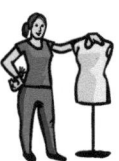

tukang jahit

couturière

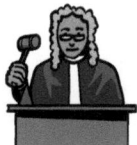

hakim

juge

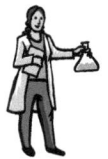

ahli kimia

chimiste

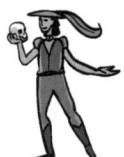

aktor

acteur

sopir bis

conducteur de bus

sopir taksi

chauffeur de taxi

nelayan

pêcheur

tukang reresik

femme de ménage

tukang pasang gendheng

couvreur

laden

serveur

pamburu

chasseur

pelukis

peintre

tukang roti

boulanger

tukang listrik

électricien

tukang mbangun

ouvrier

insinyur

ingénieur

jagal

boucher

tukang ledeng

plombier

tukang pos

facteur

tentara

soldat

arsitek

architecte

kasir

caissier

bakul kembang

fleuriste

juru rambut

coiffeur

kondektur

contrôleur

mekanik

mécanicien

kapten

capitaine

dokter untu

dentiste

ilmuwan

scientifique

rabbi

rabbin

imam

imam

biksu

moine

pandhita

prêtre

palu
marteau

tang
pinces

obeng
tournevis

kunci Inggris
clé

senter
torche

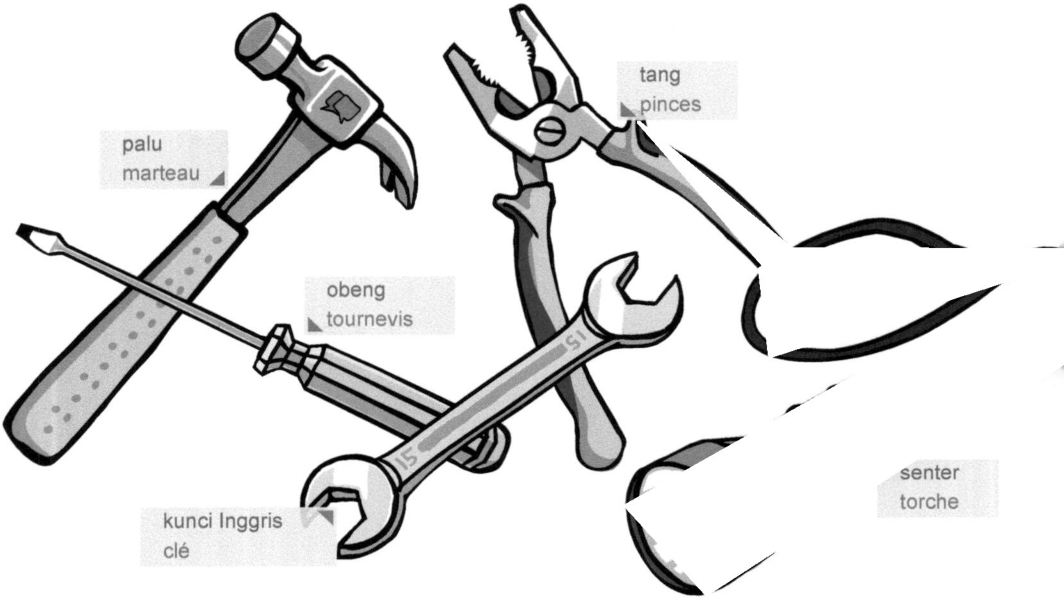

mesin kerukan

pelleteuse

wadah perkakas

boîte à outils

andha

échelle

graji

scie

paku

clous

bur

perceuse

ndandani
réparer

sekop
pelle

Bajigur!
Mince !

serok
pelle

kaleng cat
pot de peinture

sekrup
vis

instruments de musique

sak set tambur
batterie

speker
haut-parleurs

gitar
guitare

bass dobel
contrebasse

trompet
trompette

piano
piano

biola
violon

bass
basse

timpani
timbales

tambur
tambour

keyboard
piano électrique

saksofon
saxophone

suling
flûte

mikropon
microphone

lawang mlebu
entrée

macan tutul
tigre

kandang
cage

sebra
zèbre

pakanan kewan
alimentation animale

panda
panda

kewan

animaux

gajah

éléphant

kanguru

kangourou

badak

rhinocéros

gorila

gorille

beruang

ours

kebon kewan - zoo

59

unta

chameau

manuk unta

autruche

singa

lion

kethek

singe

flamingo

flamand rose

bethet

perroquet

beruang kutub

ours polaire

pinguin

pingouin

hiu

requin

merak

paon

ula

serpent

baya

crocodile

juru kunci kebon kewan

gardien de zoo

singa segara

phoque

jaguar

jaguar

jaran poni

poney

macan tutul

léopard

kuda nil

hippopotame

jrapah

girafe

garudha

aigle

celeng

sanglier

iwak

poisson

bulus

tortue

walrus

morse

rubah

renard

kidang

gazelle

bal-balan Amerika
american Football

sepedahan
cyclisme

tenis
tennis

basket
basket-ball

nglangi
natation

hoki es
hockey sur glace

tinju
boxe

bal-balan
football

badminton
badminton

atletik
athlétisme

bal tangan
handball

ski
ski

polo
polo

mencolot
sauter

ngrangkul
embrasser

ngguyu
rire

nembang
chanter

mlaku
marcher

ndonga
prier

ngambung
faire la bise

ngimpi
rêver

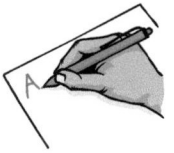

nulis
écrire

nggambar
dessiner

nuduhake
montrer

mencet
pousser

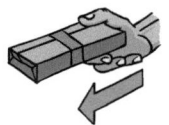

menehi
donner

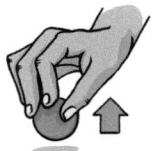

njupuk
prendre

duweni

avoir

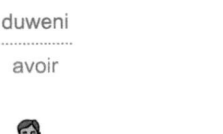

nindakake

faire

yaiku

être

ngadek

être debout

mlayu

courir

narik

trier

nguncalake

jeter

tiba

tomber

ngapusi

être couché

ngenteni

attendre

nggawa

porter

lungguh

être assis

klamben

s'habiller

turu

dormir

tangi

se réveiller

ndheleng

regarder

nangis

pleurer

ngelus

caresser

njungkati

peigner

ngomong

parler

mangerteni

comprendre

takon

demander

ngrungoake

écouter

ngombe

boire

mangan

manger

ngrapiake

ranger

nrisnani

aimer

masak

cuire

nyopir

conduire

mabur

voler

nglayar

faire de la voile

itung

calculer

maca

lire

sinau

apprendre

kerjo

travailler

ngrabi

se marier

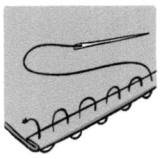

njahit

coudre

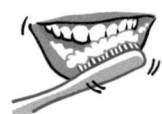

nyikat untu

brosser les dents

mateni

tuer

ngrokok

fumer

ngirim

envoyer

mbah putri
grand-mère

mbah kakung
grand-père

bapak
père

ibu
mère

bayi
bébé

anak wedok
fille

anak lanang
fils

tamu

hôte

bu lik

tante

pak lik

oncle

dulur lanang

frère

dulur wadon

sœur

keluarga - famille

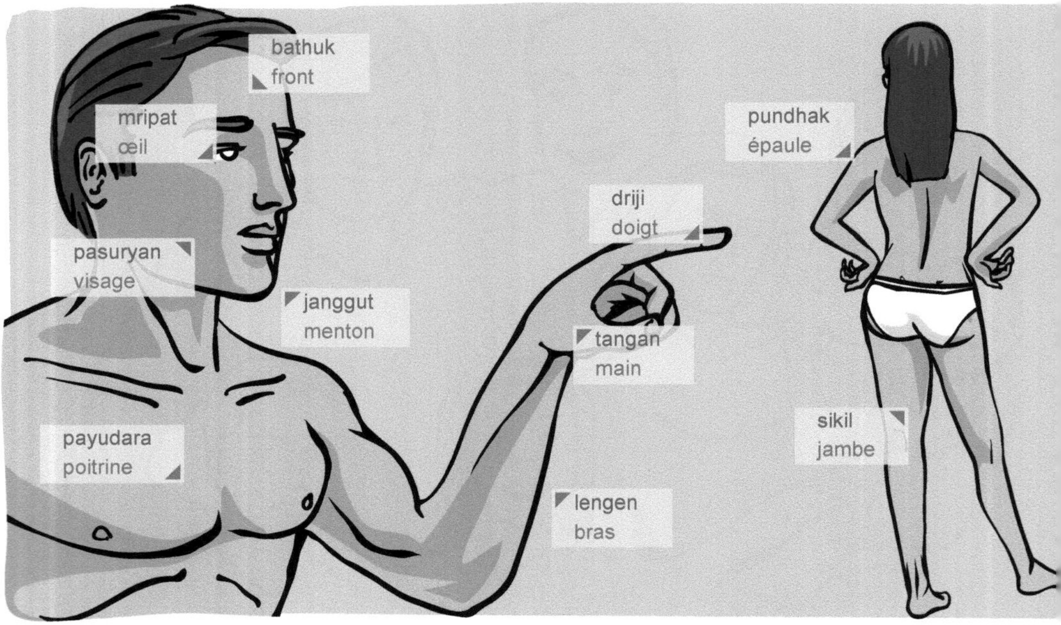

bathuk
front

mripat
œil

pasuryan
visage

janggut
menton

payudara
poitrine

pundhak
épaule

driji
doigt

tangan
main

sikil
jambe

lengen
bras

bayi

bébé

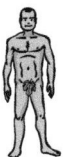

lanang

homme

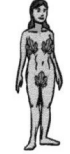

wadon

femme

bocah wadon

fille

bocah lanang

garçon

sirah

tête

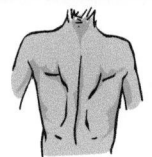

geger

dos

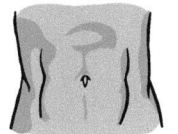

weteng

ventre

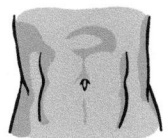

puser

nombril

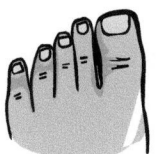

driji sikil

orteil

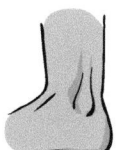

tungkak

talon

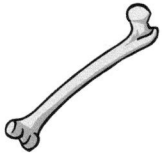

balung

os

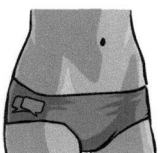

panggul

hanche

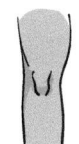

dengkul

genou

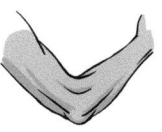

sikut

coude

irung

nez

bokong

fesses

kulit

peau

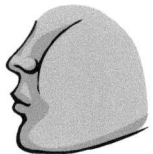

pipi

joue

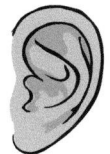

kuping

oreille

lambe

lèvre

lisan

bouche

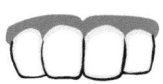

untu

dent

ilat

langue

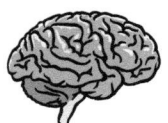

uteg

cerveau

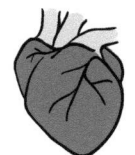

jantung

cœur

otot

muscle

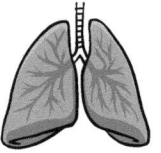

paru

poumons

ati

foie

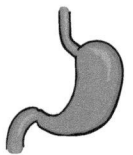

garba

estomac

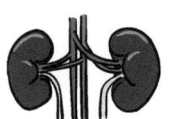

ginjel

reins

sanggama

rapport sexuel

kondom

préservatif

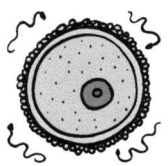

ovum

ovule

mani

sperme

mbobot

grossesse

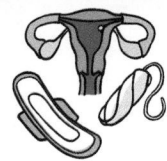

haid

menstruation

vagina

vagin

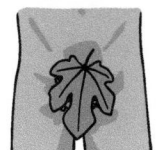

zakar

pénis

alis

sourcil

rambut

cheveux

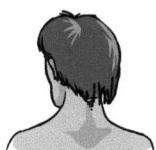

gulu

cou

griya sakit
hôpital

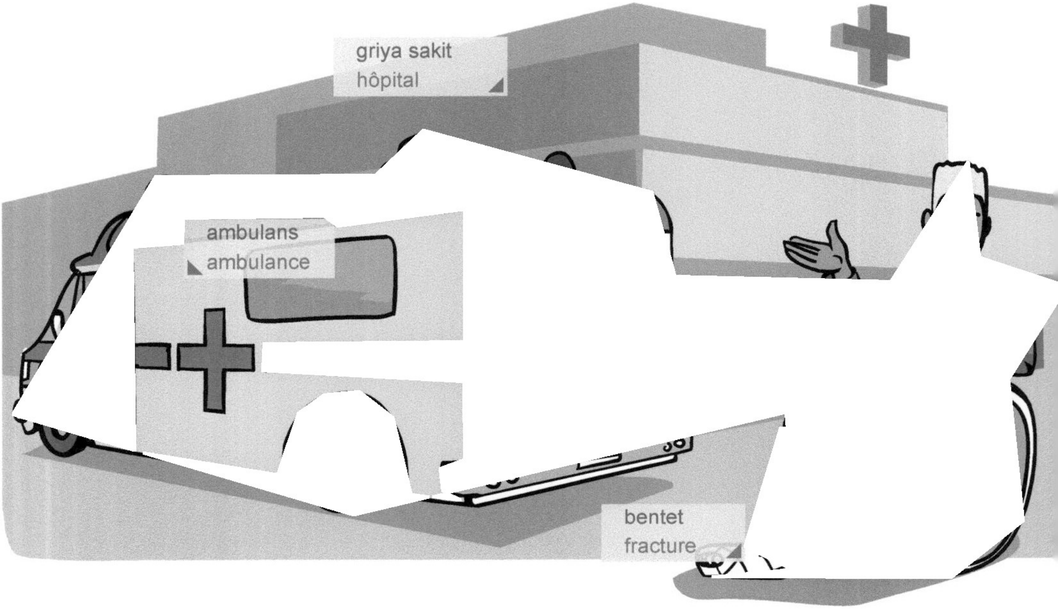

ambulans
ambulance

bentet
fracture

dokter

médecin

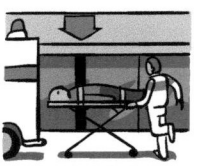

kamar gawat darurat

service des urgences

perawat

infirmière

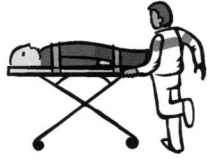

dharurat

urgence

ora sadar

inconscient

linu

douleur

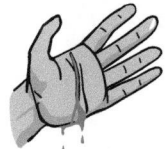

tatu

blessure

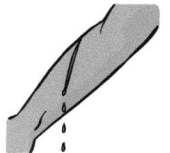

getihen

hémorragie

serangan jantung

crise cardiaque

setruk

attaque cérébrale

alergi

allergie

watuk

toux

ngelu

fièvre

pilek

grippe

diare

diarrhée

mumet

mal de tête

kanker

cancer

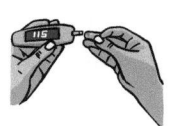

diabetes

diabète

ahli bedah

chirurgien

lading bedah

scalpel

operasi

opération

CT

CT

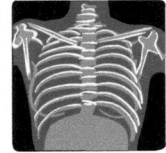

sinar x

radiographie

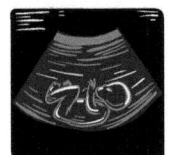

USG

échographie

masker

masque

penyakit

maladie

kamar nunggu

salle d'attente

pitulung

béquille

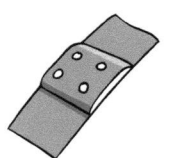

perban

pansement

perban

pansement

suntik

injection

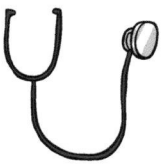

stetoskop

stéthoscope

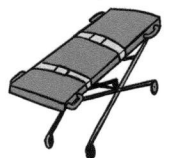

tandu

brancard

termometer klinik

thermomètre

lair

accouchement

kalemon

surcharge pondérale

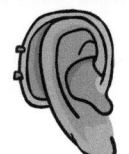

alat bantu dengar

appareil auditif

disinfektan

désinfectant

infeksi

infection

virus

virus

HIV/AIDS

VIH / sida

obat

médicament

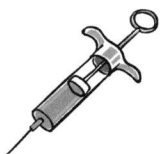

vaksinasi

vaccination

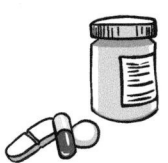

tablet

comprimés

pil

pilule

nomer telpon darurat

appel d'urgence

ngukur tensi getih

tensiomètre

lara / waras

malade / sain

Tulung!

Au secours !

alarem

alarme

sergap

assaut

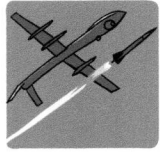

serangan

attaque

bebaya

danger

lawang metu dharurat

sortie de secours

Kobongan!

Au feu!

alat mateni geni

extincteur

kacilakan

accident

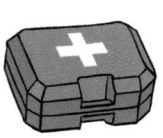

pitulungan wiwitan

trousse de premier secours

SOS

SOS

polisi

police

Eropa

Europe

Amerika Lor

Amérique du Nord

Amerika Kidul

Amérique du Sud

Afrika

Afrique

Asia

Asie

Australia

Australie

Atlantik

Océan atlantique

Pasifik

Océan pacifique

Samudra Hindia

Océan indien

Samudra Antartika

Océan antarctique

Samudra Arktik

Océan arctique

Kutub Lor

pôle nord

Kutup Kidul

pôle sud

Antarktika

Antarctique

bumi

terre

daratan

pays

segara

mer

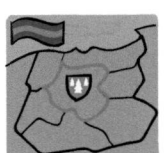

pulau

île

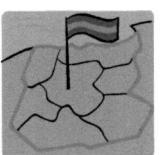

bangsa

nation

negara

état

layar jam

cadran

dom jam

aiguille des heures

dom menit

aiguille des minutes

dom detik

aiguille des secondes

Jam piro saiki?

Quelle heure est-il ?

dina

jour

wektu

temps

saiki

maintenant

jam digital

montre digitale

menit

minute

jam

heure

Senin
lundi
MO

TU

Rebo
mercredi
W

TH

Jemuwah
vendredi
FR

Selasa
mardi

Setu
samedi
SA

SO

Kemis
jeudi

Minggu
dimanche

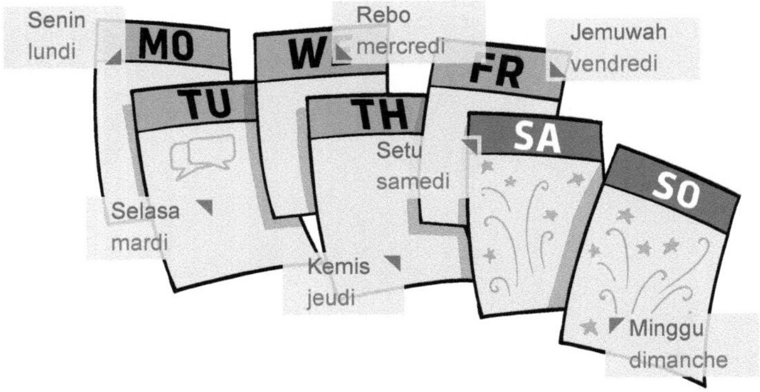

wingi
....
hier

saiki
....
aujourd'hui

sesuk
....
demain

esuk
....
matin

awan
....
midi

bengi
....
soir

MO	TU	WE	TH	FR	SA	SU
1	2	3	4	5	6	7
8	9	10	11	12	13	14
15	16	17	18	19	20	21
22	23	24	25	26	27	28
29	30	31	1	2	3	4

dina kerja
....
jours ouvrables

MO	TU	WE	TH	FR	SA	SU
1	2	3	4	5	6	7
8	9	10	11	12	13	14
15	16	17	18	19	20	21
22	23	24	25	26	27	28
29	30	31	1	2	3	4

akhir minggu
....
week-end

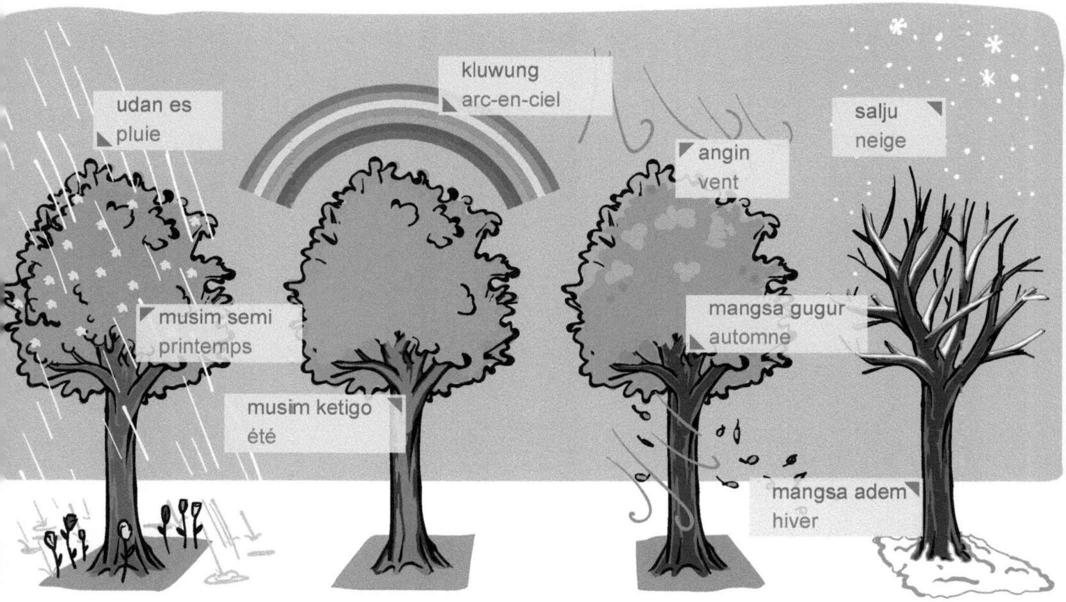

udan es
pluie
kluwung
arc-en-ciel
salju
neige
angin
vent
musim semi
printemps
mangsa gugur
automne
musim ketigo
été
mangsa adem
hiver

4.APRIL 11°
5.APRIL 4°
6.APRIL 13°
7.APRIL 8°
8.APRIL 10°

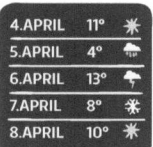

ramalan cuaca

météo

F C
120 40
90 30
60 20
30 10
0 0
-30 -10
-20

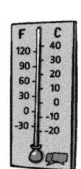

termometer

thermomètre

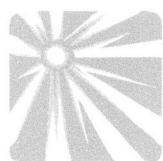

srengenge

lumière du soleil

mendhung

nuage

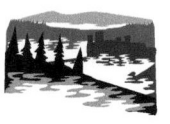

kabut

brouillard

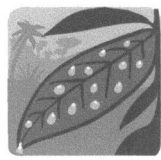

kelembapan

humidité

kilat

foudre

bledheg

tonnerre

badai

tempête

udan es

grêle

muson

mousson

banjir

inondation

es

glace

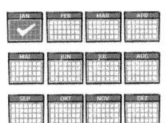

Januari

janvier

Februari

février

Maret

mars

April

avril

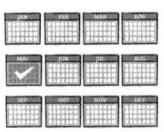

Mei

mai

Juni

juin

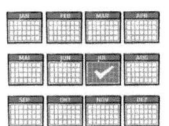

Juli

juillet

Agustus

août

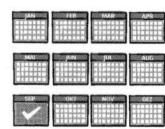

September
....
septembre

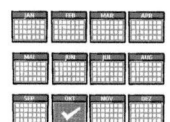

Oktober
....
octobre

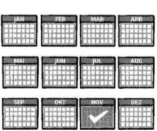

Nopember
....
novembre

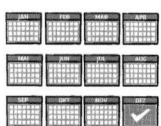

Desember
....
décembre

bunder
....
cercle

kuadrat
....
carré

segi papat
....
rectangle

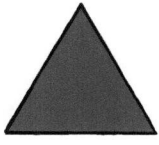

segi telu
....
triangle

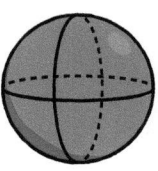

bal
....
sphère

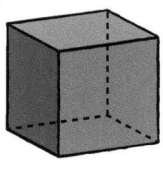

kubus
....
cube

putih

blanc

kuning

jaune

oranye

orange

jambon

rose

abang

rouge

ungu

violet

biru

bleu

ijo

vert

coklat

marron

abu-abu

gris

ireng

noir

akeh / sithik

beaucoup / peu

nesu / kalem

fâché / calme

ayu / elek

joli / laid

pawitan / pungkasan

début / fin

gede / cilik

grand / petit

padhang / peteng

clair / obscure

sedulur lanang / sedulur wadon

frère / soeur

resik / reged

propre / sale

pepak / ora pepak

complet / incomplet

awan / bengi

jour / nuit

mati / urip

mort / vivant

jembar / sempit

large / étroit

iso dipangan / ora iso dipangan

comestible / incomestible

ala / becik

méchant / gentil

seneng / bosen

excité / ennuyé

lemu / kuru

gros / mince

pisanan / pungkasan

premier / dernier

kanca / musuh

ami / ennemi

kebak / kosong

plein / vide

atos / empuk

dur / souple

abot / enteng

lourd / léger

luwe / wareg

faim / soif

lara / waras

malade / sain

illegal / legal

illégal / légal

pinter / bodo

intelligent / stupide

kiwa / tengen

gauche / droite

cedhak / adoh

proche / loin

anyar / lawas

nouveau / usé

ora ana / ana

rien / quelque chose

tuwa / enom

vieux / jeune

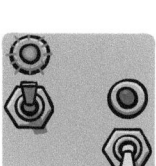

urip / mati

marche / arrêt

buka / tutup

ouvert / fermé

anteng / rame

faible / fort

sugeh / mlarat

riche / pauvre

bener / salah

correct / incorrect

kasar / alus

rugueux / lisse

susah / seneng

triste / heureux

cendhak / dawa

court / long

alon / banter

lent / rapide

teles / garing

mouillé / sec

anget / adem

chaud / froid

perang / tentrem

guerre / paix

0
nol

zéro

1
siji

un / une

2
loro

deux

3
telu

trois

4
papat

quatre

5
limo

cinq

6
enem

six

7
pitu

sept

8
wolu

huit

9
songo

neuf

10
sepuluh

dix

11
sewelas

onze

12
rolas

douze

13
telulas

treize

14
patbelas

quatorze

15
limolas

quinze

16
nembelas

seize

17
pitulas

dix-sept

18
wolulas

dix-huit

19
songolas

dix-neuf

20
rong puluh

vingt

100
satus

cent

1.000
sewu

mille

1.000.000
sak yuto

million

basa Inggris

anglais

basa Inggris Amerika

anglais américain

basa Cina Mandarin

chinois mandarin

basa Hindi

hindi

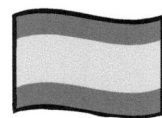

basa Spanyol

espagnol

basa Prancis

français

basa Arab

arabe

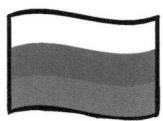

basa Rusia

russe

basa Portugis

portugais

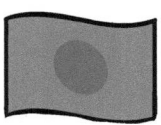

basa Bengali

bengali

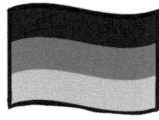

basa Jerman

allemand

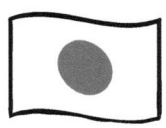

basa Jepang

japonais

aku

je

kowe

tu

dheweke

il / elle / ce, c', cela

kita

nous

kowe kabeh

vous

dheweke kabeh

ils / elles

sapa?

Qui ?

apa?

Quoi ?

piye?

Comment ?

neng endi?

Où ?

kapan?

Quand ?

jeneng

nom

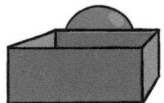

mburi

derrière

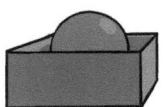

ing jero

dans

ing ngarep

devant

ing dhuwure

au-dessus

ing

sur

ing ngisore

en-dessous

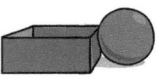

sisih

à côté de

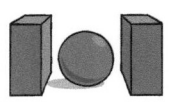

antarane

entre

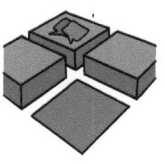

panggonan

lieu